Lesen lernen mit Piraten und Schatzsuchern

Die schönsten Lesebildergeschichten für den ersten Leseerfolg

gondolino

ISBN 978-3-8112-3506-9
1. Auflage 2019
© für diese Ausgabe: gondolino GmbH, Bindlach 2019
Umschlagillustration: Heike Wiechmann
Umschlaggestaltung: Vanessa Braun
Texte: Angelika Glitz, Michael Engler, Bato, Imke Rudel
Illustrationen: Ines Rarisch, Petra Theissen, Martina Kohl, Peter Braun
Printed in the EU

Der Umwelt zuliebe gedruckt auf chlorfrei gebleichtem Papier.

www.gondolino.de

Inhalt

Schiff ahoi,
Pirat Rotstrumpf!

Der rote Strumpf

Rotstrumpf war ein  .

Er segelte auf einem  ,

das hieß „Wilde  “. Und er hatte

einen  , der hieß Dumpfbacke.

Außerdem besaß  Rotstrumpf

einen roten  . Den hatte ihm

einst seine  gestrickt.

Diesen  liebte er mehr als

alles sonst auf der  . Täglich

badete er ihn in  aus  .

Dann wusch er ihn so lange, bis er

wie eine  voller  duftete.

Und er sagte: „Dumpfbacke, hänge

meinen lieben  an der

auf, damit er trocknen kann. Bitte

klemme ihn mit zehn  fest."

Der , sein  und der

rote  waren sehr glücklich.

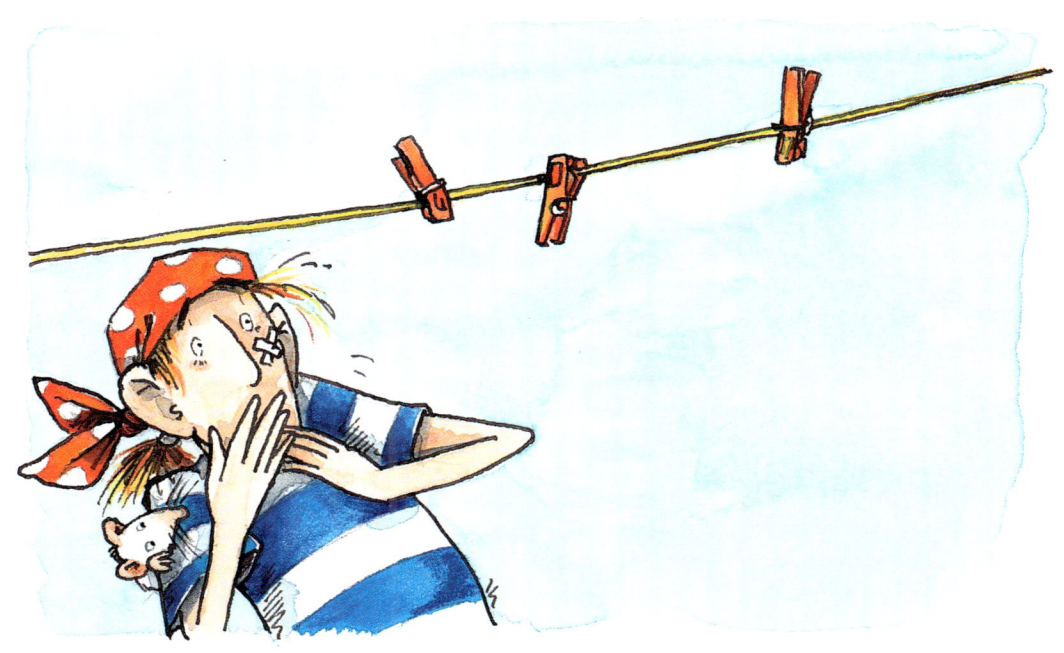

Doch dann geschah es. Sie waren

gerade bei einer  vor

gegangen, da rief Dumpfbacke:

„Oje, oh weh, der  ist weg!"

„Unmöglich!", sagte Rotstrumpf.

„Du hast ihn doch mit zehn

an der  festgemacht."

„Nun ja", sagte Dumpfbacke.

„Ich kann doch nur bis drei zählen.

Und es hat so sehr gepustet,

dass die  peitschten und …"

Weiter kam Dumpfbacke nicht.

„Drei  nur, du  !",

brüllte der  und sprang ins  .

Dort schaute er hinter jede .

Er schwamm an den

und suchte unter jedem  .

So lange, bis die  unterging.

Dann begann er zu weinen, denn

den  seiner  konnte

nichts auf der  ersetzen!

Flaschenpost

„Schade um den  ",

sagte der  . „Er hat sich

wohl einfach aufgelöst."

Der  stand auf. „Dumpfbacke!",

brüllte er. „Ein  kann sich

nicht einfach – puff! – auflösen!

Nein, jemand hat ihn gefunden.

Und in seinem  versteckt.

Denn wer so einen schönen

findet, der gibt ihn niemals wieder

her." – „Oje, der arme  ",

jammerte der  .

„Weine nicht", sagte Rotstrumpf.

„Ich bin der schlauste  unter

der . Mir fällt etwas ein!"

Dreimal ging die  auf und

unter, dann grinste der  froh.

Er holte  und  und schrieb,

bis ihm die  wehtaten.

Wer mir meinen roten 🥾

zurückbringt, dem schenke ich

eine 🧰 voll 🟨 .

Rotstrumpf

Die  steckte der  in

leere  und warf sie ins  .

Müde legte sich Rotstrumpf schlafen.

Der  hatte noch nicht

ausgeschlafen, da rief sein  :

„Oje, wir werden überfallen!

Das ganze  ist voller  ."

„Wie viele  ?", fragte der  .

„Weiß nicht", meinte sein  .

„Ich kann doch nur bis drei zählen."

„Ach ja", sagte der  , nahm

sein  und schaute aufs  .

„Toll", rief Rotstrumpf, denn in

den  saßen viele  ,

die mit roten  winkten.

„Da ist der richtige  sicher

dabei", sagte Dumpfbacke.

Der  probierte alle  an

und schnupperte an ihnen. Doch

kein  duftete nach  .

Alle  stanken bloß nach  .

„, ich kann  nicht mehr

riechen!", schimpfte Rotstrumpf.

Dann ruderte er mit einem

kleinen  hinüber zur  .

Er setzte sich auf eine

und schloss traurig die  .

Nun war er kein  Rotstrumpf

mehr. Nun war er nur noch

ein ganz gewöhnlicher  .

Warme Füße

Da, plötzlich! Rotstrumpf

schnupperte. Roch es da nicht

nach ? Rotstrumpf

öffnete die . Neben ihm

saß eine , die einen

roten um den trug.

„He!", meinte die .

„Was macht deine  in

meinem 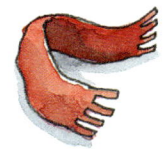 ?" – „Entschuldigung",

sagte Rotstrumpf, „aber dein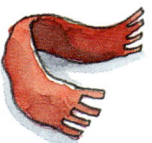

riecht wie ein lieber  ,

der einmal mir gehörte."

Die  nahm den 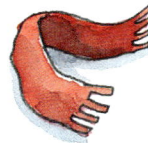 vom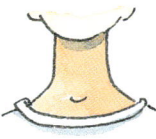

und gab ihn Rotstrumpf. „Neulich

fand ich einen  am  “,

erzählte sie. „Er war zu groß für

mich, aber ich nahm ihn mit.

Er duftete so schön nach  .

Ich zog an einem roten

und der  löste sich auf. Aus

der  strickte ich diesen 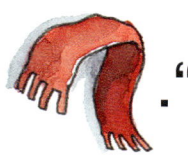 ."

„Der  war einmal mein  ?",

fragte  Rotstrumpf . Die

nickte. „Ich hoffe, du wirst auch

als  Rotschal glücklich."

Rotstrumpf lachte und schenkte

der  die  voll  .

„Was habe ich gesagt", grinste

Dumpfbacke später. „Der

hatte sich aufgelöst."

„Ja, du bist ein schlauer  ",

lobte  Rotstrumpf.

„Und ein  ist viel besser, wo

wir jetzt so viele  haben",

sagte der  . „Wenn sie nur

nicht nach  stinken würden",

seufzte  Rotstrumpf.

„Aber das tun sie doch gar nicht",

grinste da Dumpfbacke.

„Ich habe sie alle in

aus  gebadet."

„Wahrhaftig", sagte Rotstrumpf.

„Du bist der schlauste  unter

der  ."  Rotstrumpf und

sein  Dumpfbacke bekamen

übrigens nie wieder kalte  .

Die Wörter zu den Bildern:

 Pirat

 Kokosnüsse

 Schiff

 Insel

 Qualle

 Wäscheleine

 Matrose

 Wäscheklammern

 Strumpf

 Anker

 Großmutter

 Wellen

 Welt

 Esel

 Milch

 Meer

 Strand

 Briefe

 Stein

 Flaschen

 Sonne

 Schiffe

 Schrank

 Fernrohr

 Feder

 Piraten

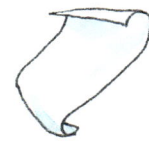 Papier

 Strümpfe

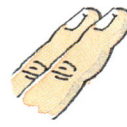 Finger

 Käse

 Kiste

 Boot

 Gold

 Bank

 Augen

 Nase

 Piratin

 Faden

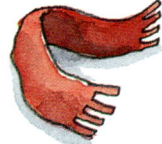 Schal

 Wolle

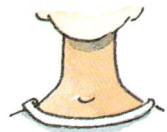 Hals

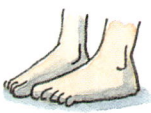 Füße

Seeräuber auf Abenteuerfahrt

Das wilde Seeräuberleben

Schon lange haben Bo und seine

 immer wieder

überfallen und den

ausgeraubt. Jetzt ist ihr  so

groß, dass sie ihn verstecken

müssen. Denn  ist schwer,

und ihr liegt schon tief im 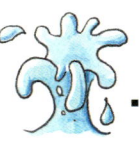.

So tief, dass es manchmal den

 berührt.

Deshalb sagt Bo: „Wir vergraben

das  und können endlich

immerzu faulenzen."

„Faulenzen?", fragen die  .

„Ja! 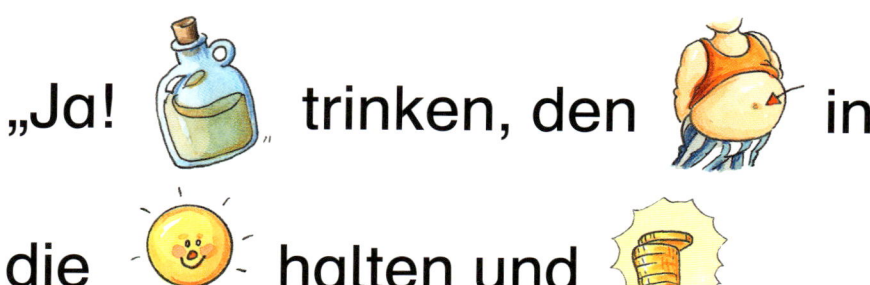 trinken, den in

die halten und

zählen", erklärt Bo.

Doch die freuen sich nicht.

Nie wieder erobern?

Das wird bestimmt langweilig!

Bald finden sie eine kleine  ,

die auf keiner  zu finden ist.

„Unter den   verstecken wir

unser  !", befiehlt Bo.

Mit   graben die

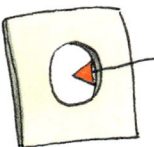 ein tiefes . Dort werfen

sie das  hinein.

Als die  vergraben sind, werden die  sehr traurig.

Sie sind zwar reich wie ein

und müssen nie mehr arbeiten.

Aber von nun an wird es ihnen

sicher langweilig werden.

Doch  ist schwer. Und kaum

sind die  auf ihrem ,

da versinkt die  mit dem vielen

 im  .

Bo schaut auf das  .

Die  ist weg. Und das

ebenso. Er lacht. „Dann

überfallen wir eben wieder  ."

Da jubeln die  . Wie schön es

ist, ein  zu sein!

Ein ganz besonderer Schatz

Die  hatten endlich die schöne

 Luisa entführt und freuten

sich sehr.

Als sie etwas später ein

überfallen wollten, sagte Luisa:

„Ihr könnt kein  überfallen,

wenn eure  nicht geputzt sind.

Also los, marsch, marsch!"

Die  grummelten, aber sie

putzten ihre  .

Danach war das andere

verschwunden.

Bald jedoch tauchte es wieder auf.

Die  schrien und lärmten und

freuten sich.

Luisa aber sagte: „Das  wird

erst überfallen, wenn eure

 ordentlich aufgehängt sind.

Also los, marsch, marsch!"

Die  grummelten, aber sie

räumten auf.

Danach war das andere

wieder verschwunden.

Bald sahen sie es wieder. „Jetzt

überfallen wir das  aber",

flüsterten die  .

Das hatte Luisa gehört.

„Nein", sagte sie. „Ihr putzt zuerst

eure 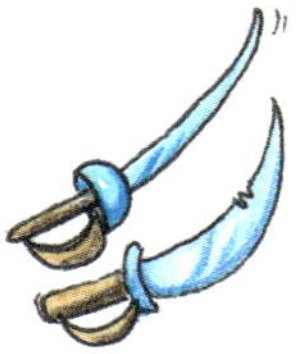 . Also los, marsch,

marsch!"

Da dachte der  kurz nach.

Dann rief er zu den  auf dem

anderen : „Wir haben die

schöne Luisa. Wollt ihr sie

gegen all euer tauschen?"

„Und ob!", rief der  vom

anderen  zurück. Die

 tauschten das  gegen

die  .

Und schnell wie der  fuhren sie

mit ihrem ⛵ fort. Sie hörten noch,

wie Luisa rief: „Die 🌧 sind ja so

groß wie 🐭 ! Holt sofort 🧹

und 🧻 und putzt das ⛵ .

Also los, marsch, marsch!"

Frei wie ein Vogel

Den  fliegen

um die 🦻 🦻. Denn das 🚢

des 👑 ist dicht hinter ihnen.

Da spült auf einmal

eine 🌊 , so hoch wie ein

🏠 , eine kleine 🧜 auf

das 🚢 .

„Du musst uns helfen!", sagt Joe,

der  .

„Aber ihr seid böse  .

Ich darf euch nicht helfen",

antwortet die   .

Joe denkt kurz nach. Dann sagt er:

„Wenn du uns nicht hilfst,

dann nehmen wir dich als  .

Und du kannst nie mehr zurück

ins  ."

„Also schön", seufzt die  .

„Was wollt ihr?"

„Frei sein wie ein 🐦 ", sagt Joe.

„Also wollt ihr fliegen?",

fragt die 🧜 .

Joe und die anderen

nicken. „Aber mach schnell, das

🚢 des 👑 kommt!", rufen

die 🧑‍🤝‍🧑 .

Die  sagt: „Zabigel, Zabogel,

das  fliegt wie ein  ."

Da erhebt sich das  der

 in die  . Die

können es nun nicht mehr

erreichen.

Joe hebt die  hoch und wirft

sie zurück ins  .

Damit hätte er vielleicht noch

warten sollen.

Denn so hört er nicht, wie die

ruft: „Zabagel, Zabie, nur landen

sollt ihr nie!"

Und so konnte das  nie

wieder landen.

Und manchmal, wenn man genau

hinsieht, kann man es bis heute

zwischen den ☁ über dem

 fliegen sehen.

Die Wörter zu den Bildern:

 Seeräuber

 Rum

 Schiffe

 Bauch

 König

 Sonne

 Schatz

 Goldstücke

 Gold

 Insel

 Schiff

 Karte

 Wasser

 Palmen

 Boden

 Schaufeln

 Loch

 Blitz

 Meer

 Staubflocken

 Seeräuber

 Mäuse

 Prinzessin

 Besen

 Zähne

 Lappen

 Hängematten

 Kanonenkugeln

 Säbel

 Ohren

 Kapitän

 Welle

 Matrosen

 Haus

 Nixe

 Luft

 Gefangene

 Wolken

 Vogel

Wildes Piratenleben

Robbo und der Papagei

Alle  liebten

– außer Robbo. Es war schon

schlimm genug, dass sein

untergegangen war! Aber dass er

nun auf einer  festsaß,

auf der es nichts gab außer  ,

das war einfach zum  melken.

Robbo schüttete den  aus,

den er gerettet hatte. Heraus fielen

eine leere  , ein  , ein

verschrumpelter  und ein   .

„Was soll ich denn damit

anfangen?", sagte Robbo laut.

„  ", krächzte es an

seinem  .

Robbo zuckte zusammen.

Da saß ein  auf seiner

 , hässlich wie ein gerupftes

 !

„Hmm", murmelte Robbo. Doch

dann schrieb er doch etwas auf den

 , steckte ihn in die

und warf sie ins  .

„Aber glaub nicht", sagte er zu dem

 , „dass ich dich mitnehme,

wenn ein  kommt. Ich kann

 nämlich nicht leiden."

„Und ich mag keine  ",

krächzte der  beleidigt.

Bald schon kam ein  , um

Robbo abzuholen. Der

deutete auf Robbos  . „Hast du

sonst nichts?", fragte er.

Robbo sah sich um.

Auf einer  hockte mit

hängendem  der hässliche

 .

Da grinste Robbo. „Nur den  —

und meinen  ."

Sila und das Seeungeheuer

Die kleine  Sila war gut

gelaunt: Das  sauste über

das  und fliegende

glitzerten in der  . Doch

plötzlich krachte es. Riesige

schlangen sich blitzschnell um

das  .

„Ein  !", schrie

Grok. „Holt die  !"

Doch die  waren hart wie  .

Und als das  den

aus dem  hob, schrie Sila auf.

Seine  leuchteten wie

und es hatte meterlange  !

Die  nützten nichts. Da

bewarfen die  das

 mit einem ,

mit  und sogar mit einer

 . Doch das

verschluckte alles, als wäre es

aus leckerer  .

„Das ist doch lachhaft, dass uns

nichts einfällt", sagte der .

Lachhaft? Jetzt wusste Sila,

was zu tun war.

Schnell nahm sie einen langen

scharfen  und piekste

das  immer wieder

ganz sanft damit.

„Wir erwachsenen  haben

es nicht geschafft, das

zu vertreiben", meinte der  .

„Wie willst du dann etwas

ausrichten?"

Doch da öffnete das

sein  und spuckte die

 , die  und den

wieder aus. Dann tauchte es

prustend ins  .

„Wie hast du das gemacht?",

fragten die  erstaunt.

„Und warum hat das

geprustet?" Da lachte Sila.

„ sind eben genauso

kitzelig wie wir!"

Pino macht Frühstück

Als der kleine  Pino aufwachte,

lag seine Mutter noch im  .

Pino beschloss, sich einfach selbst

etwas zu essen machen.

In der  des  fand er

 und  . Aber das war

doch nichts für wilde  !

Er stellte einen  auf den

und sah sich um. Da:  ! Sie

wanderten ebenso in den  wie

etwas  und eine  .

Dann entdeckte Pino einen  .

Jetzt nur noch eine  – fertig.

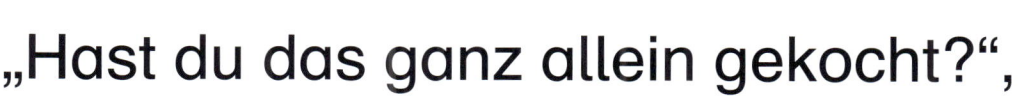

Als seine Mutter in die  kam,

rieb sie sich erstaunt die 👁️👁️ .

„Hast du das ganz allein gekocht?",

fragte sie.

Pino nickte stolz und häufte den

 auf die . Doch schon der

erste  blieb ihm im

stecken: Das schmeckte ja wie

eingeschlafene 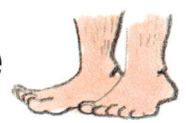! Er schaute

zu seiner Mutter hinüber.

„Sehr ... ungewöhnlich", sagte sie

und runzelte die  .

Doch dann lächelte sie. „Einen so

besonderen sollte man

aber nicht ganz allein aufessen.

Wollen wir den  und

etwas abgeben, Pino?"

Pino fiel ein  vom  .

„Unbedingt!" sagte er erleichtert.

Schnell fraßen die  und

die  den ganzen  auf.

„Dann müssen wir uns wohl mit

und  begnügen. Für uns bleibt

kein  übrig!" sagte Mama.

„Da kann man nichts machen",

meinte Pino. Aber er grinste dabei

über das ganze  .

Die Wörter zu den Bildern:

 Piraten

 Zettel

 Papageien

 Apfel

 Schiff

 Stift

 Insel

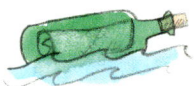 Flaschenpost

 Mäuse

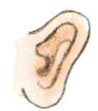 Ohr

 Seesack

 Papagei

 Flasche

 Schulter

 Huhn

 Arme

 Wasser

 Seeungeheuer

 Kapitän

 Säbel

 Palme

 Stein

 Kopf

 Augen

 Piratin

 Feuer

 Fische

 Zähne

 Sonne

 Anker

 Seile

 Marmelade

 Schatztruhe

 Topf

 Schokolade

 Herd

 Maul

 Nudeln

 Pirat

 Milch

 Bett

 Birne

 Küche

 Fisch

 Brot

 Zwiebel

 Brei

 Stirn

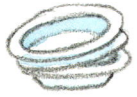 Teller

 Herz

 Löffel

 Möwen

 Hals

 Gesicht

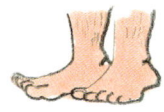 Füße

An Bord mit
Pirat Sven

Bei den Piraten

Sven mit dem  ist sauer:

„Schon wieder  !"

Auch die anderen  maulen:

„Und dazu gibt's harten

und immer nur  . Davon wird

ja der stärkste  schwach! Wir

wollen  !", meckert John  .

„Und !", „ !", „ !"

Die   rufen jetzt wild

durcheinander.

„Alles ist aufgegessen!", bedauert

der . Er zeigt auf die

leeren  und zupft verlegen

an seinem 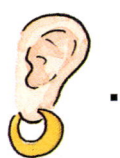 .

„Bei Neptuns   : Unser

sitzt in der  und steckt

seine  in ein   .

Wir müssen ein  überfallen!",

fordert John  .

Alle  nicken zustimmend

mit ihren  .

„Na gut!" Seufzend klappt der

sein spannendes  zu.

Er würde viel lieber weiterlesen.

Er ist nämlich nur  geworden,

weil er als einziger  lesen kann.

„Auf geht's  , jetzt holen

wir uns  ,  und

und für jeden  einen

von  ", grölt der  .

„Lichtet den  und setzt die

 !" „Aye, aye,  !", rufen

die  .

Auf zum Entern

John 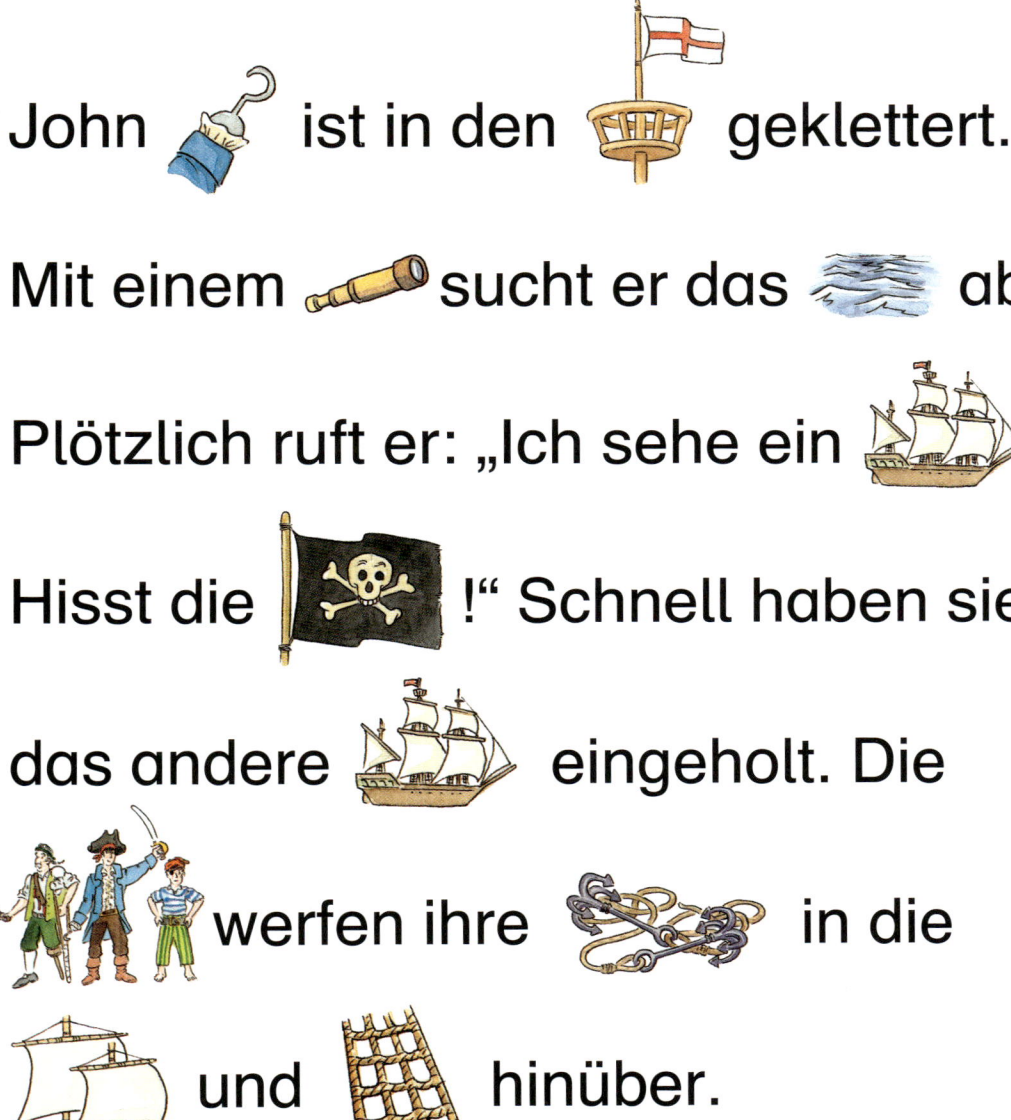 ist in den ![] geklettert.

Mit einem ![] sucht er das ![] ab.

Plötzlich ruft er: „Ich sehe ein ![] !

Hisst die ![] !" Schnell haben sie

das andere ![] eingeholt. Die

![] werfen ihre ![] in die

![] und ![] hinüber.

„Jetzt wird geentert!", schreit

der  und schwingt sich

am   über die ▭▭▭ .

Die anderen  haben

die  erkannt und ergeben

sich darauf sofort. Die

stürmen in den  . Sie

freuen sich auf wertvolle  .

Aber was ist das? „Nur eine

mit alten  !", stellt John

fest und zuckt enttäuscht

mit den  .

Zuletzt verlässt Sven mit dem

das fremde  . In der  hält

er eine  : „Schaut mal, was ich

hinter der  gefunden habe.

Vielleicht ist da noch  drin?",

ruft Sven.

Gierig öffnet er die  und setzt

sie an den . Gleich danach

spuckt er etwas aufs  :

„Pfui  ! Was ist denn das?"

Die geheimnisvolle Karte

Der  bückt sich zum

hinunter: „Das ist eine !",

stellt er fest. Die jubeln.

„Wo liegt der ?", fragt Hugo

und rückt seine zurecht. „Auf

der der fröhlichen !",

liest der vor.

„Von so einer  habe ich

noch nie gehört!", nörgelt

John  . „Ich weiß, wie wir

hinkommen", sagt der  .

Die  segeln los.

Kurz bevor die  untergeht,

erreichen sie die . Am

liegt ein  zwischen den .

„Ich glaube, mein  wiehert!",

schreit Sven mit dem   und zeigt

mit der  nach oben: Auf jeder

 sitzt ein  und grinst.

Auf der Schatzinsel

Der  erklärt die :

„Unter der des

liegt der vergraben!"

Alle buddeln so wild mit

ihren , dass der nur

so spritzt. Plötzlich macht es

unter Svens klonk!

Im 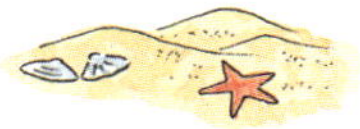  ist ein zu sehen!

„Ich habe eine  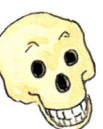 gefunden!",

schreit Sven aufgeregt. „Bestimmt

ist sie voll mit  und  !"

Schnell öffnet er die  mit

seinem 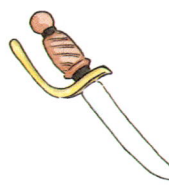. Dann flucht er laut:

„Rostiges  : Lauter olle

über  !" „Wir werfen sie

ins  !", schlägt John

enttäuscht vor.

„Bist du verrückt?", schreit

der  . „Die  verkaufen

wir im nächsten  für viel

 . Die  werden sie uns

aus den  reißen."

„Hurra!", jubelt Sven mit dem  .

„Dann haben wir ja doch noch

einen tollen  gefunden!

Von dem  können wir uns so

viel  ,  und  kaufen,

wie wir wollen."

Und John  murmelt leise

in seine vorgehaltene  :

„Wie gut, dass unser

einen so schlauen  hat!"

Die Wörter zu den Bildern:

 Holzbein

 Kuchen

 Bohnensuppe

 Obst

 Piraten

 Hähnchen

 Zwieback

 Koch

 Fisch

 Fässer

 Pirat

 Ohrring

 Würstchen

 Dreizack

 Hakenhand

 Kapitän

 Ecke

 Fernrohr

 Nase

 Meer

 Buch

 Piratenflagge

 Schiff

 Enterhaken

 Köpfe

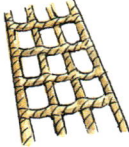 Takelage

 Berg

 Seil

 Anker

 Reling

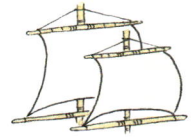 Segel

 Seeleute

 Mastkorb

 Laderaum

 Schätze

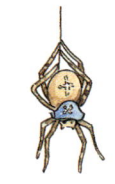 Spinne

 Truhe

 Schatzkarte

 Kleider

 Schatz

 Schultern

 Augenklappe

 Hand

 Insel

 Flasche

 Affen

 Rum

 Sonne

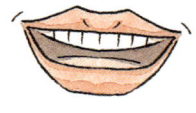 Mund

 Strand

 Deck

 Schiffswrack

 Palmen

 Gold

 Papagei

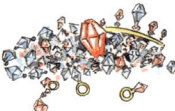 Edelsteine

 Palme

 Entermesser

 Affe

 Kanonenrohr

 Galionsfigur

 Bücher

 Hände

 Liebespaare

 Sand

 Feuer

 Totenkopf

 Hafen

 Schatzkiste

 Damen

Lesen lernen
mit Pferden und Ponys

Lesen lernen mit Pferden und Ponys
ISBN 978-3-8112-3505-2, 128 Seiten
€ 5,95 (D) / € 6,20 (A)

Auf ins Pferdeparadies! Aufregende Abenteuer mit
Ponys und Pferden, spannende Erlebnisse auf
dem Ponyhof, beim Reitenlernen und Ausreiten,
dazu eine ganz besondere Überraschung.

In diesen Geschichten werden alle Hauptwörter durch
kleine Bilder ersetzt, sodass schon Kinder ab 5 Jahren
aktiv mitlesen und einen ersten Schritt zum
selbstständigen Lesen machen können.

gondolino